JN440756

돌아오지 않는
바람

돌아오지 않는 바람

윤주동 창작집 제6집

책나무

바람은 되돌아오지 않는다. 아니, 되돌아올 수가 없다.

그런데 우리들은 그렇게 되돌아와 주기를 바라는지 모른다.

마찬가지로 하루하루를 빌려서 살아가는 우리들도 이 순간의 귀한 시간(時間)을 건성으로 대충(代充) 보내는지도 모른다. 다시 올 수 없는 인생(人生)이라는 사실(事實)을 알고, 느끼고 후회(後悔)할 쯤이면 이미 백발(白髮)이 되어 모든 일들을 내려놓을 시기(時期)쯤인 경우(境遇)가 많은 것 같다.

괜스레 울지만 후회와 안타까움이 함께하는 눈물범벅이다.

나는 오늘도 생각을 해본다. 우리가 살아오면서 "어떠한 경우, 어떠한 때에 행복(幸福)을 느꼈으며 또한 슬픔은 어느 때에 느꼈는가."를 질문(質問)하고 싶다고, 정말 마음을 추스르고 생각을 해보자. 과연 오늘날까지 어떻게 살아 왔는가? 인생은 그냥 가는 거라고 생각할 것이다. 마찬가지로 나도 그렇게 생각하며 생활해 왔다. 그런데 지금은 그렇지가 않다.

책머리에…

너무 허황(虛荒)하고 후회스럽다. 좀 더 재미있게 열심히 살 수가 있었는데 하고 생각을 할수록 내가 미워지기도 한다.

이러한 부분을 해결(解決)하기 위해 오늘도 밤을 지새운다. 내 심정(心情)을 알아줄 것은 이 밤뿐이다. 답답한 심정을 실어 오늘도 한 구절(句節)을 엮어가 보련다. 그런데 한 가지 분명(分明)한 것은 내가 책으로 내 마음을 싣기 시작하면서부터 내 마음이 변(變)하고 있다는 사실(事實)이다.

목차

돌아오지 않는 바람

오늘이 가면
내일의
그리움으로 남겠지만

하루해가
짧거나 길거나
지루함을 느끼는 것은

그 누굴
기다리는지
정녕 알지도 못하면서

막연히
설렘에 젖는
기다림 때문이겠지

잊을 수도
없으면서
체념(諦念)한 것처럼 하면서

희망을
이야기하며
지쳐가는 마음을 좇고

다시 돌아
올 것처럼
자신을 숨겨 가면서

오늘은
또 대답 없는
내일을 애타게 부른다

바람은
돌아오지 못할 것을
번연히 알면서도

그렇게
돌아오지 않을
마음의 준비를 하면서도…

비 오겠네

하늘에 구름 오고
먼 산에 새들 나니
갑자기 비 오겠네
소나기 내리겠네

들판에는 농부들이
물꼬를 고쳐놓고
청개구리 수풀에서
목 놓아 울부짖네

다시 오마 약속하던
내 님 옷깃 다 적시고
하늘 보며 애태우네

하늘에 구름 오고
그 발길을 돌리려나
먼 산에 새들 나니
갑자기 비 오겠네
소나기 내리겠네

바보 매미

바보 매미 울고 있네
가을밤을 노래하네

어젯밤도 울었는데
오늘 밤도 울고 있네

못다 했던 아쉬움이
가슴 깊이 쌓였기에

깊은 밤을 노래하며
그리움에 지쳐 울다

돌아갈 길 잃었는가
계절마저 잊었는가

바보 매미 울고 있네
밤을 새워 울고 있네

너의 그 말

떠나간 널 잡지 못해
남몰래 눈물이 흘러

참으려던 내 마음을
숨길 수도 없었다

변해버린 마음까지도
어쩔 수 없다지만

돌아서며 남겨놓은
마지막 너의 그 말이

원망인지
미련인지
이별인지 알 수가 없어

다시 돌아오겠다는
뜻인지도 정말 궁금해

가을 사랑

어느 날
사랑이 내 곁에서
떠나갔는데

지난날들 기억하기엔
가슴이 너무 아파

오늘도 쓸쓸히
지워가야 하는데

그대 얼굴
또다시
아쉬움에 찾아오네

우리 사랑 영원을
세월 속에 믿었기에

지는 잎에 새겨가는
그 사랑의 이야기들

이별 경험(離別 經驗)

당신은
사랑을
잃어보셨나요

이별의
아픔을
느껴보셨나요

청천벽력(靑天霹靂) 같은
마지막
인사에

믿었던
마음에다
빗장을 지르고

홀로된
외로움을
달래보려다가

설움의
눈물도
흘려보셨나요

사랑은
기쁨만 주는 줄
알았는데

슬픔도
눈물도
함께 주더이다

당신은
사랑을
잃어보셨나요

이별의
아픔을
느껴보셨나요

새벽길에서

아침 일찍 길을 나서서 안개를 헤치며 발걸음을 재촉할 때 한산(閑散)한 도로에는 새 아침을 반기듯 자동차들이 미끄럼을 타고 있다.

다람쥐 쳇바퀴를 돌듯 매일 되풀이하며 다니는 길이지만 유별(有別)스레 보이는 날들이 있다. 특히나 초여름의 아침은 푸르름이 더 할 수 없이 싱그럽기도 하다. 그도 그럴 것이 비라도 한줄기 내리고 나면 더하다. 물을 머금은 나무들은 좋아하며 웃으며 서로를 바라보고 있기도 한다. 이토록 세상의 조화(造化)는 우리의 눈을 의식(意識)하지 않는다. 모두가 제멋대로다. 가뭄이 들 때는 죽을 시늉을 하며 갈증(渴症)을 못 참고 우리들의 발목을 잡기도 한다. 그 길을 걸으며 그날 하루를 설계(設計)를 하는데 기분(氣分)의 좌우(左右)에 따라서 하루를 멋지게 설계를 하기도 하고 망치기도 한다.

작은 희망(希望)에서 큰 보람의 꿈을 꾸는 것은 누구나 마찬가지겠지만 정말 기분이란 변덕(變德)의 비위(非違)를 맞춰 주기가 정말 힘든 일일 것이다.

아침 설계가 기분 좋게 끝나면 퇴근(退勤)의 즐거움을 벌써 느끼려 하며 저녁 시간의 설계가 시작된다. 퇴근길에 마누라를 불러내서 외식(外食)이나 하고 들어갈까? 하고 생각하다가는 문득 아기는 장모님께 부탁을 드려야겠지라고 생각도 해본다. 그

러다가는 빠듯한 용돈을 계산(計算)하다가 아직 오지도 않는 월급(月給)날을 손가락으로 짚어본다. 그러고는 샐러리맨(salaried man)의 비애(悲哀)를 뼈저리게 느껴보기도 한다. 그래도 새벽은 언제나 새 희망(希望)을 준다.

오해(誤解)하지 마

만나면
날마다 하는 얘기
변함없지만

애정이 없는 게 아냐
표현이 부족한 거야

난 정말
너만을 사랑해
오해하지 마

말로는 어떠한
표현도 할 수 없잖아

그렇다고
널 싫어한다고
생각을 하지 마

나에게는 오직
너, 너 하나뿐이야

이별(離別) 뒤에 2

그 사람이 좋아서
만났고 사랑했는데

어느 날 말없이
가버린 뒤 생각해보니

다정스런 그 속삭임
이별의 예고였던 걸

영영
가버린 옛사랑이
될 줄은 몰랐어요

그래도 사랑했기에
잊을 수가 없네요

내 마음은
언제나 그대 곁에
머물고 있어요

너 때문이야 2

이별하고 끝냈으면
한 번으로 그만일 걸

아물려면 생각나서
아픈 마음 더하는데

언제쯤에 세월 따라
씻어 버릴 수 있을까

이 모두가 상처 주고
떠나버린 너 때문이야

이 상처에 약을 찾아
또 하루를 헤매 도네

내 손을 잡아주며
인정 많던 너 때문이야

소중(所重)한 당신

때로는 밉긴 해도
미워할 수 없는 당신

내 사랑 당신이기에
나에게는 소중한 당신

누구도 대신할 수 없는
당신의 자리인 것을

떠난 뒤 그리워질까 봐
당신만은 지켜 내리라

세월 속에 맹세하며
내 마음을 달래보려네

내 사랑 당신이기에
나에게는 소중한 당신

후회(後悔)하며 2

웃으며 가라 해놓고
돌아서서 후회했네

차라리
너 아니면
안 된다고 말할 것을

그 마음 변해버리면
누굴 믿고 살아가나

밤새워 끙끙 앓았네
잠 못 들고 뒹굴었네

나에겐
너뿐이라며
달려가고 싶은 마음

후회를 하면서도
용기조차 없어졌네

우리 집 벽시계(壁時計)

우리 집 벽시계는 즉, 내 방과 주방(廚房)에 있는 벽시계는 남들이 보면 고장(故障) 난 시계다. 그런데 나에게는 중요한, 약속(約束)을 지켜주는 수호신(守護神) 같은 시계다.

그 시계는 정시(定時)보다 10분이 빠르게 간다. 그것은 내가 그렇게 맞춰놓은 것이다. 나의 습관(習慣)은 그런 줄을 알면서도 무조건(無條件) 그 시계들이 알려주는 대로 움직인다. 물론 손목시계나 핸드폰 시계는 보지 않는다. 특히나 아침 시간이나 집 안에 있을 때의 이야기다. 그래서 난 그 시간에 맞춰 허둥지둥 외출(外出) 준비를 해서 집을 나서고 약속 시간(約束 時間)을 지키려 노력한다.

보편적(普遍的)으로 나를 아는 사람들은 내가 약속 시간만은 철두철미(徹頭徹尾)한 것으로 알고 있는데, 이는 그 벽시계의 덕분(德分)일 것이다. 시외로 갈 때는 가끔 시간 계산을 잘못해서 출발(出發)하여 대중교통(大衆交通)의 이용(利用)이 원활하지 않아서 조금 지각(遲刻)을 하는 경우(境遇)가 있었지만 나는 별로 시간을 어긴 적이 없다.

그래도 우리 집 벽시계는 오늘도 고장이다. 우리 식구(食口)들은 10분을 빨리 간다는 계산 하에 움직임을 조정(措定)하는지 모르지만 나는 그렇지 않다. 그 벽시계들이 알려주는 시간에 의해서 움직이고 있다.

믿음 하나

흘러가는
세월 따라

씻겨버린
날들 속에

내가
너를
알고 왔고

네가
나를
알아왔는데

많은 날을
산다 해도

세월 속에
점인 것을

이제 와서
생각하면

믿음 하나
빠뜨렸네

머뭇대는
발길 두고

마음은
저만큼 가네

잊어질까

언뜻언뜻
찾아오는

그리움까지

당신을 잊으리

오늘도 내일도
또 내일도 잊으리
당신을 잊으리
당신을 잊으리

잊어야 하는 줄을
번연히 알면서도
그리움으로 빈 가슴을
채워가려 했는데

비워야 하는 마음
설움 속에 달래가며
아픔이 온다 해도
운명이라 생각하며

오늘도 내일도
또 내일도 잊으리
당신을 잊으리
당신을 잊으리

가을에 묻혀서

가슴에서 일던 바람
얼굴로 스쳐갈 때

우수수 울음 울며
떨어지는 낙엽들이

불러주는 모습마다
눈물방울 맺혀있네

그 언젠가 잃어버린
꿈이라 생각했는데

아름다운 추억으로
발길마다 살아나

잊혀간 그 날들이
그리움으로 다가오네

보고픈 마음

저 멀리에 있다고
생각할수록 우리 사랑은
마음으로 더 가까이
다가가며 애원하는데

잊으려고 생각해도
마주할 때면 나도 모르게
영원하자 맹세하며
두 손을 잡아주는데

원망도 괴로움도
못 보는 그 순간뿐이고
하루에 또 하루를
언약으로 더해 가는데

잊지 못할 당신인데
오늘 밤도 원망을 하네
잠깐인 줄 알면서도
보고픈 맘 달래고 있네

거짓말

사랑한다
말하면서
돌아서는 그대는

내 마음에
또 다른
상처를 주려네요

싫어져서 마음 변해
헤어지면 그만인데

거짓말은 왜 하나요
그 마음을 보여줘요

차라리 싫어졌다
속 시원히 말을 해요

남겨지는 이 가슴에
미련마저 주려나요

나이 자랑

살아온 지난날들을 다시 한 번 돌이켜 볼 수 있다는 것은 나이를 먹은 사람의 특권(特權)이다.

세상을 많이 살아보지 못한 사람은 돌이켜 볼 부분이 없다 하겠다. 그동안 살아오며 이루어놓은 보람이나 아쉬운 점, 혹(或)은 후회(後悔)를 하는 부분 등 추억(追憶)을 얘기할 수 있다는 것이 나이를 먹었다는 자랑이라 하겠다. 그렇다고 나이를 먹었다는 것이 좋은 것이라고 말하는 것이 아니다. 다만 나이를 먹었기에 살아온 과정(過程)들을 돌이켜 볼 수 있다는 사실을 말하는 것이다. 아무튼 이 시점에서 나 자신을 돌이켜 본다면 뿌듯한 기분(氣分)보다 "다시 한 번 더 그 젊음의 기회(機會)가 온다면…" 하고 생각하며 "지금은 할 수 있다."는 확신(確信)과 용기(勇氣)를 가지는 것 같다. 그렇지만 정말 현실(現實)에 직면(直面)하면 생각처럼 쉽게 이루어지지 않을 수도, 전혀 아닐 수도 있겠지만 간접 접근법(間接 接近法)의 이론(理論)만은 무성(茂盛)한 것이 사실이다. 물론 소리 없이 흘러가는 세월(歲月)의 흐름에 따라 그 누구라도 다시는 제 모습을 찾을 수 없도록 퇴색(退色)되어가면서 말이다.

가보지 못한 낯선 길을 정말 두려움 없이 씩씩하게 갈 수가 있을까. 그 두려움을 극복(克服)하고 현실에 직면했기에 지난날들을 기억(記憶)하고 있고 그리워하고 있는 것이 아닐까. 그렇지만 오늘 이후(以後) 또 몇 날이 지나고 나면 그때는 오늘보다 더한 경험(經驗)에 대한 할 말이 더 많을 것이다. 거미가 줄을 끝없이 내뿜는 것처럼.

그 사랑을

잊지 못해
차라리

간직하려던
사연들이

어느덧

어느새

하나둘

떠나려 하네

기약 없는
세월 따라

가야 하는
길목에 서서

잃어가는
아쉬움에

가끔씩은
울어보지만

젖어버린

빈 가슴을

또다시

채워야기에

지난 세월
그 사랑을

다시 한 번
불러보려네

얄미운 새

가슴 깊이 자리하고
미소 짓는 그대는

아직까지 나만큼은
보고 싶지 않은지

변함없는 모습으로
손짓까지 하면서

저 멀리로 소리 없이
떠나가려 하지만

내 마음은 잡지 못해
안절부절 애태워도

상처 되어 남겨지는
내 사랑은 얄미운 새

창가의 여인

창가에 서서
뒤돌아보지 않는
여인이여
서글프게
떨어지는 낙엽을
보고 있나요

가슴 깊이
아로새긴 지난날
사랑 때문에
눈망울에
맺힌 이슬 감추려
애를 쓰나요

창밖에 흔들리며
낙엽 지는
나무들처럼
가녀린 두 어깨에
잔물결이 일어나네요

돌아올 날

돌아올 날 언제일까
오늘도 혼자이네

기다림은 더해가고
마음은 노심초사

그 사람은 어디에서
내 생각이나 할까

마음 변해 아니 오나
길이 멀어 못 오는가

돌아올 날 기다리는
날들은 서산에 지고

흘러내린 눈물 속에
아련한 모습이어라

소리 없는 눈물

까만 밤을 지새우며
정 때문에 울고 있네
말도 없이 떠나갔나
소식 없는 그 사람은

풀벌레들 울음소리
내 마음을 아는 듯이
처량하게 울어주네
구슬프게 울어주네

둘이 함께 가자 하던
그 맹세는 새로운데
돌아서던 발길 따라
미련만이 남겨졌네

울고 있는 내 마음에
그대 얼굴 미소 짓고
쌓여지는 그리움에
소리 없는 눈물방울

그 얼굴은

그리워서 불러보는
그 사람의 이름이건만
메아리만 돌아오고
그 얼굴은 어디 갔나요

찾을 길도 만날 길도
소식조차 전할 길 없어도
사랑했던 마음 하난
변할 수가 없었는데

우리 이제 또다시
만날 수는 없는 건가요
얼룩지는 눈물 속에
잊어야지 생각할수록

너무나도 슬퍼요
언제라도 보고 싶은데
후회해도 오지 않는
그 얼굴은 어디 갔나요

노을에

장미꽃 향기가
노을에 젖는다
아침에 일어나
이슬에 몸 씻고

벌 나비 벗 삼아
하루해 보낼 때
그리움 모아서
띄우려 했는데

먼 훗날 생각나
되돌아본다면
찬란한 아침 해
웃으며 반길까

세월의 길목에
외로이 선 채로
장미꽃 향기가
노을에 젖는다

자화상(自畵像)

누구나 자기 자신(自己 自身)의 얼굴이나 또 다른 신체(身體)의 부분을 표현(表現)하고 싶다면 그 상(像)을 그림으로 그려보려고 한다면 과연 쉽게 표현을 할 수 있을까. 그것도 사진이나 거울을 보지 말고 그림을 그려보라고 한다면 말이다. 나 같으면 눈도 내리지 않는 여름날이나 또한 나의 모습을 온통 하얗게 그려놓겠다. 나의 신체 부분은 모두가 탈색(脫色)되어가고 머리카락이든 어떠한 부분이든 제 색을 가지고 있는 부위(部位)가 없기 때문이다. 그도 그렇지만 모두가 비어가고 있다고 느끼니까 더할 수밖에 없을 것이다. 정말 내가 언제나 말하고 싶은 세월 무상(歲月 無常)이란 말을 외치고 싶은 이유(理由)이다. 정말 내가 표현하고 싶은 색깔이 변해가고 있다는 사실을 느끼지 못했는데, 곰곰이 생각을 해보면 우리들 모두가 스스로도 모르는 사이에 변색(變色)이 이루어지고 있었다는 말이 될 것이다.

몇 날을 더 보내보면 원래(元來)의 위치(位置)로 갈 수가 있을까? 그렇게 바라는 것은 꿈같은 이야기이고 있을 수도 없는 일일 것이다. 하지만 언제나 우리들이 그리움을 심는 곳이 바로 그리움을 감싸주고 있는 그곳이다. 그러나 단순(單純)하게 생각해보면 부딪치는 그 순간이 생각하는 순간(瞬間)이 되고 후회(後悔)하는 시간(時間)이 되는 것이다. 오늘도 얼마나 많은 일들을 생각하며 아쉬워하고 후회를 할까. 그렇게 하루를 쌓아가는 나의 자화상을 어떻게 표현(表現)한다는 말인가. 생각할수록 나 자신이 무능(無能)해 보이고 안타까움만 더할 뿐이다.

한 시간만 더

오늘은 왠지
헤어지기 싫어
한 시간만
더 있다 가

설레는 마음
잠재워 주고 가
한 시간만
더 있다 가

엄마 품 같은
너의 가슴으로
포근하게
껴안아줘

밤에 젖은 채
변함없이
자꾸 네 품속이
그립나 봐

지난밤에도
네 생각하면서
뜬눈으로
지새웠어

너 없는 시간
생각할 수 없어
상상하기
조차 싫어

오늘은 왠지
헤어지기 싫어
한 시간만
더 있다 가

설레는 마음
잠재워 주고 가
한 시간만
더 있다 가

때문이야…

오늘 밤 이 거리에서
헤매는 이 발길은
나를 두고 떠나버린
사랑했던 너 때문이야

어제도 지나쳤고
내일도 지나칠 거리
우리의 아름답던
추억을 심었던 곳

떠날 수 없는 거리
너 하나 기다리는 곳
이 모든 아픔들은
모두가 너 때문이야

돌아와 다시 돌아와
내 곁에 돌아와 줘
너 없이는 못 살 것 같아
너만이 나의 생명이야

사랑했던 사람

너무나 야속해요
우리 곁에 머물던 세월
이 시간이 지나면
남남으로 헤어지는데

잡을 수도 없나요
사랑했던 사람인데
사랑했던 그 사람은
사랑인가 미움인가

너는 웃고 나는 울고
이런 이별도 있는지
돌아올 사람이면
울지도 않겠지만

잊을 수도 없는데
잊으라고 하네
밉지도 않은데
미워하라고 하네

말없이 그렇게

돌아온다는
그 말은
하지 말아요

내 가슴속에
미련을
주지 말아요

떠나가려면
말없이 그렇게 가요

돌아서 가는
발자국 소리까지도
남기지 말고
말없이 그렇게 가요

떠나가려면
말없이 그렇게 가요

저 빗물은

나의 창을 두드리며
소리치는 저 빗물은

떠난 님의 눈물인가
내 가슴의 눈물인가

말 못 하는 이별 앞에
운명인 줄 알았는데

날이 갈수록 눈물 속에
그리움만 쌓여가네

쓸쓸히 울며 내리는
눈물 같은 저 빗물이

내 마음을 울려주네
못 견디게 때려주네

그리운 님이여!

님이여!
그리운 님이여!

오늘도
불러보는 님이여!

외로운
나를 남겨놓고

떠나간
얄미운 님이여!

이토록
못 잊어 우는

내 마음
몰라주는가요

낯선 곳
외로운 곳에서

행복을
찾으려 하나요

언제나
당신 생각에

눈물이
마를 날 없는데

만날 길은
없는가요

님이여!
잊지 못할 님이여!

너 하나 2

오늘도
생각하네 너 하나만을
지난날
새겨두었던 그리움까지

채워지는
술잔마다 떠오르는 사람
못 잊는
내 가슴에 깊이 자리할 때

어떻게
이 마음 달랠 수 있나
안타까운
시간을 돌릴 수 있나

너 하나만
이렇게 사랑하는데
너 하나만
언제나 그리워하는데

잊어버리자

지난날 아쉬움은
마음에 두지 말자
사랑도 이별도
미련에 두지 말자

담아둔들 아무런
도움이 되지 않아
마음속 깊은 곳까지
깨끗이 씻어버리자

갈 길을 생각하면
아득한 구만리 길
훌훌 벗어던지고
다시는 생각 말자

지난날 아쉬움은
마음에 두지 말자
사랑도 이별도
미련에 두지 말자

사랑이었네

저만치서 메아리처럼
들려오던 그 목소리가

언제부턴가 내 귓가에서
노래하듯 날 불렀네

못 들은 척 외면하기엔
어떤 변명도 허락지 않아

너에게로 다가가려네
한 발자국씩 오늘도, 내일도

남남인 줄 알았었는데
그런 것도 아니었던 걸

몰랐을 땐 남이었지만
이제 보니 사랑이었네

내일(來日)은

넓은 길도 좁은 길도
생각 없이 걷고 있는

너와 나는 무엇을 위해
오늘을 살아가는가

내일은 무슨 희망이
더 내일은 무슨 일들이

우리들을 기다리며
다가오고 있을까

잊어야 하는 일들은
씩씩하게 지워버리자

우리에겐 내일이 있다
보람 속에 맞이하자

그 사람 어디에

밤하늘에
울고 가는

짝 잃은
철새처럼

내 모습이
닮았구나

그 사람은
어디에

헤어져도
빈 가슴은

메워질 줄
알았는데

떠나버린
그 사람이

다시
올 수는 없나요

먼 하늘만
바라보네

보고파서
눈물짓네

그 사람은
어디에

그 사람은
어디에

옛 추억(追憶)이

엊그제 같은 날도
돌아보면 옛날이기에

두고 온 사랑처럼
돌아가고 싶은 날들은

못 이룰 꿈이기에
더 아쉬운 것이겠지

못 가는 길이기에
더 그리운 것이겠지

누구나 다 느끼는
아쉬움과 그리움인데

가고파라 그 옛날로
그리워라 옛 추억이

그리움은

소리 없이 흘러가는
강물 같은 세월 속에

길을 잃은 조각배가
넘실대며 떠가듯이

남겨두고 떠나오던
이별 하나 없었는데

언제나 발걸음은
제자리를 맴을 도네

고향 집을 찾아가듯
설렘 속에 뜬마음에

그리움은 비가 되어
내 마음을 적셔주네

배차 시간(配車 時間)

우리가 자주 이용(利用)해야 하는 대중교통(大衆交通)은 버스와 지하철 그리고 택시가 될 것이다. 택시는 급한 일이나 약속시간(約束 時間)이 늦었을 경우나 이용하지 대부분 사람들은 많은 돈을 지불(支拂)하면서까지 택시를 이용하려 하지 않는다. 그리고 지하철역에 가까이 살거나 65세 이상의 분들은 대부분 지하철을 이용하려 한다.

그 외의 사람들은 버스를 이용해야 하는데 버스 정류장은 우리 삶의 곁에 항상(恒常) 있다고 하겠다. 그런데 가끔 보는 건데 어떤 버스는 처음 노선(路線)을 받아서 몇 대 투입(投入)을 하지 않고 운행(運行)을 하는 것을 봤다. 물론 첫 노선이니 수지(收支) 계산(計算)을 하는 중이겠지만 이용하는 우리들의 마음은 버스가 오는 배차 간격(間隔)이 너무 멀면 기다려 주지 않는다. 잘 오던 버스가 조금 늦어져도 환승(換乘)을 하면서도 다른 차를 타고 가버린다. 요사이는 각 정류장마다 버스 도착 정보기(情報機)가 있어 더 잘 알 수 있지만 그런데도 손님이 없다는 핑계로 배차 간격을 늘려 놓는다. 그럴수록 손님은 없을 수밖에 없다. 당연한 것이다. 기다려도 소용없는데 어느 누가 기다리랴. 환승을 하여 목적지(目的地)를 향해 불편(不便)하게 가더라도 느긋하게 기다려 줄 사람은 아무도 없다는 것이다. 그래서 고정관념(固定觀念)이란 위험(危險)한 것이다. 많은 차를 투입하면 금방 손님이 늘어날 것이다. 그것은 금방 온다는 고정관념을 가지기 때문이다. 경영(經營)을 하는 분들이 이런 원리(原理)를 생각해 볼 수가 있었으면 좋겠다.

잊으려도

참으려고
눈을 감아 보았는데도
잊으려고
소리쳐도 보았는데도

저만치서
다가오는 그대 모습은
오늘 밤도
밝은 미소 변함이 없네

얼마를 더
소리치면 잊을 수 있나
며칠 밤을
울고 나면 잊어져 갈까

아! 애태우는
눈망울에 비가 내리네
창밖에도
내 맘 따라 비가 내리네

네가 떠나고

떠나던 뒷모습을
눈망울에 묻어놓고

먼 하늘 바라보며
남몰래 눈물지으며

하루에 또 하루를
이어가는 한숨 소리

못 잊어
힘겨워도
참으려는 아픔인데

그리운 마음으로
밀려드는 이 밤마저

네 곁에 머물고픈
젖은 발길 되어 버렸네

이대로

떠나려는 당신은
눈물도 없이 돌아서려 해도
보내주지 못하는
내 가슴에는 비가 내려요

처음부터 우리 서로
깊은 마음을 몰랐다지만
사랑이란 이름으로
당신만은 잡고 싶어서

흘러가는 세월에
함께하며 살고 싶어서
목마름의 아픔으로
불러보며 그리워해요

이대로 지난날처럼
내 곁에서 지켜주세요
당신 믿고 내 마음을
맡겨두고 살아갈래요

눈을 감으면

눈을 감으면
미소 띤 그대 모습 곁에 있네요
눈을 감으면
따스한 그 손길이 감싸 주네요

이런 기분이 행복일까
깨어질까 두렵네요
눈을 뜨고 생각해도
그리움만 더해 가는데

보고 싶은 그 사람도
나와 같은 생각일까요
언제라도 함께하며
행복하게 살고 싶어요

눈을 감으면
미소 띤 그대 모습 곁에 있네요
눈을 감으면
따스한 그 손길이 감싸 주네요

쉽게 말하면

난 밤이 되면
네 생각에
잠을 이룰 수 없어

눈을 감으면
둥근달처럼
떠오르는 네 얼굴

또 붉게 타는
태양 속에
내 마음이 숨 쉬고

저 흘러가는
구름 위에
네 모습이 보이는

쉽게 말하면
너를 좋아한다는
그 말이야

쉽게 말하면
너를 사랑한다는
그 말이야

가는 시간은
잡지 못해
이 순간이 가기 전에

속 시원하게
대답해줘
기다리고 있잖아

쉽게 말하면
너를 좋아한다는
그 말이야

쉽게 말하면
너를 사랑한다는
그 말이야

어쩌면 좋아

어쩌면 좋아
너를 좋아하는 내 마음을
참을 수 없어 숨길 수 없어
달랠 수도 없어

네 생각만 해도
내 마음 설레고
두근두근 안절부절
되는 일이 하나 없어

너와 내가 서로 만나
그리움을 심었다면
그 순간들이
언제나 우리를 괴롭히겠지

어쩌면 좋아
너를 좋아하는 내 마음을
참을 수 없어 숨길 수 없어
달랠 수도 없어

내 님인가

창밖에 내리는
쓸쓸한 저 빗물은

내 님의
눈물인가
주룩주룩 내리네

바람결에 흩날리네
소리치며 울고 가네

흐느끼는 저 목소리
내 님인가 나를 부르네

떠나가던 발길 따라
아쉬움만 심었는데

오늘따라 내 가슴에
그리움을 깨워주네

하얀 마음 까만 밤

하얀 마음에 까만 한줄기 빛이 내린다.

언제부터인지 색깔을 지워가는 내 마음속을 오늘따라 아주 새까맣게 물들인다. 어둠 속에서 불러보고 싶은 이름도 어렴풋이 있었던 것도 같은데, 그마저 생각나지 않도록 진하게, 아주 진하게 물들인다.

어제의 한순간(瞬間)도 정말 놓치고 싶지 않은 심정(心情)이지만 그렇게 나를 물들게 한다. 그저 이렇게 허무(虛無)하게 스쳐가는 타인처럼 이 밤을 보내고 말아야 한다는 말인가. 아주 오래전부터 내 마음에서 교대(交代)로 놀다 가던 그 밤들은 모두 다 어디로 가버렸지 소식(消息) 하나 없는데, 무정(無情)한 그들을 사모(思慕)하며 속만 끓이는 나는 무엇이었단 말인가?

그래서 그리움도 있었고, 아쉬움도 있었는데, 지금은 원망(怨望)만이 가슴 한구석에 가득 도사리고 있다. 그래서 언젠가부터 자꾸만 지우고 있었는지 모른다. 이제는 탈색(脫色)이 되어 하얗게 변해가고 있는데, 오늘 밤도 또 심술을 부리며 까맣게 물을 들이는 게 아닌가. 그렇다면 차라리 물들지 않게 물속으로 뛰어들어야 한다는 말인가. 모두를 지워야 한다는 강박관념(强迫觀念)만이 나를 괴롭힌다. 이렇게 되면 내일 밤이 온다는 사실(事實)도 무서워서 거부(拒否)하고 싶다. 그렇다고 하여도, 오늘도 허우적이며 까만 밤 속으로 깊이 아주 깊이 빠져들어 가고 있다.

과거(過去) 속의 꿈

가끔씩은 전해오던
그 사람의 향기마저
세월 속에 퇴색되어
흩어져가 버리고

말 못 하고 흐느끼며
아픈 마음 달래 봐도
무심하게 흘러가는
구름인들 알아줄까

두 사람이 엮어놓은
과거 속의 꿈인 것을
한번 스쳐 떠나가면
다시 못 올 길인 것을

어느 누굴 원망하며
지난날을 돌이킨들
오늘 밤도 어제 같은
그리움만 남겨질 걸

망설임

우리들의 사랑은
마음속에 있는데

한마디가 가슴에
죄가 되어 올까 봐

그리움만 새기며
마음 주지 못하네

떠나가면 다시는
돌아오지 못할 걸

망설이다 꿈길에
웃음으로 보낸다

오늘 밤도 혼자서
시계처럼 맴돌다

흘러버린 이 세월
어디에서 찾을까

무정(無情)한 사람

잊지 말라며
기다려 달라며
다짐을 받고 떠나가더니
벌써 잊었나
나를 잊었나
미워져가는 무정한 사람

그 마음이
변해버려서
이내 마음 몰라주는지
기다림에
애만 태우고
그리움에 지쳐 가는데

오늘 밤에도
어젯밤처럼
꿈속에라도 만나주려나
미워하면서
잊지를 못해
기다려보는 무정한 사람

찬바람 불고
눈비가 내려도
우리 사랑은 익어갔는데
벌써 잊었나
나를 잊었나
미워져가는 무정한 사람

꽃이 피고
낙엽이 지고
소리 없는 세월이 가도
하루 이틀
손꼽던 마음
그때처럼 변함없는데

지친 마음을
달래가면서
언제까지나 기다리려도
미소 띤 얼굴
흐려지면서
지워져 가는 무정한 사람

너의 이름

난 언제나
너 하나만 생각했는데
사랑한단
그 한마디 장난이었나

허무하게
돌아서긴 가슴이 아파
오늘 밤도
너의 이름 부르고파서

망설임을
잠재우고 용기를 내도
목소리는
숨어들고 가슴만 뛰네

구름 위로
날아가는 외기러기도
내 마음을
아는 듯이 구슬피 우네

빗물이

너의 숨소리
아직도
귓가에 있는데
너의 모습은
어디에
머물고 있는지

우리 사랑의
열기가
식어버렸는데
너를 향하는
내 마음
그 어디로 가나

생각할수록
가슴은
여울져 가는데
울며 내리는
빗물이
달래주려 하네

세월(歲月)과 나이는 비례(比例)하지만……

세월과 나이는 분명(分明) "비례한다."고들 말을 한다.

하지만 어느 누구도 세월의 흐름에 따라 눈에 보이는 물체(物體)의 나이를 먹어보지 못했을 것이다. 그래도 우리 모두는 나이를 먹었다고 얘기를 한다. 또한 서로가 살아온 세월을 비교(比較)하여 누가 많이 먹었는지를 가늠하기도 한다. 그렇다면 나이는 세월의 셈에 불과(不過)하다 할 것이다. 그래서인지 세월과 나이에 대한 불만은 노소(老少)를 가리지 않고 쏟아져 나온다. 젊어서는 너무 느려서 불만이요, 늙어서는 너무 빨라서 불만이요, 속도의 조절을 할 수 없으니 말이다.

인간과 세월은 물과 기름 같은 사이인지 웃지 못할 관계인 것만은 사실(事實)이다. 나도 어렸을 때의 이야기를 글로 쓴 적이 있지만 마흔다섯이란 기준을 정해뒀던 때는 정말 세월이 너무 느리다고 느꼈다. 그런데 지금은 원망스러울 정도로 흐름의 속도가 빠른 것 같다. 물론 "나이 수만큼의 세월의 속도가 탄력을 받는다."는 말이 있지만 그런 표현(表現)의 감정(感情)과 직접 느끼는 감정은 분명히 다르다 할 것이다. 그래도 때에 따라서는 세월의 흐름이 약(藥)이 된다고 말하기도 한다.

그렇지만 나이가 세월의 꽃이라고 한다면 정말 활짝 피우고 싶을까. 그것은 우리들 마음에서 어떻게 표현되는지가 관건(關鍵)일 것이다.

아무튼 그렇게 생각하자 “나이는 세월의 꽃”이라고, 그렇게 되면 어떤 색깔의 꽃이면 좋을까. 예쁘게 그리고 아름답게 간직해야 하기에 칠색(七色)이 아니더라도 오색(五色) 정도의 무지개색이면 어떨까?

가을 호수(湖水)에서

호수에 비친 구름
떠나가던
내 님의 얼굴
외로이 불어오는
바람 소리
내 님 목소리

소리치며 내려주는
저 찬비는
내 님의 눈물
가을에 흠뻑 젖어
모두가 다
내려앉는다

옛정 찾는 마음 실어
가슴 가득
포옹해보면
모두가 부질없는
미련이라
말을 해주네

난망(難忘)

잊지를 못해 불러보는
너의 이름이건만

메아리조차 대답 없는
안타까운 나날들

목이 메인 하소연을
세월 속에 띄우며

영원토록 잊지 못할
사랑이라 말하네

왜 몰랐지
오늘 같은

후회만이 남을 걸

나의 잘못 뒤로하고
지난날만 원망하네

당신은 떠나갔는데

내 안에
당신이 웃고 있네요
어느 날
내 곁에서 떠나갔는데

내 안에
당신이 손짓하네요
울면서
붙잡아도 못 본 체 가더니

오늘따라
그리워 보고 싶어요
잊어야
한다면서 맹세했는데

내게서
떠나간 당신이지만
오늘도
내 안에 찾아오네요

응어리

잊어야 할
운명이라며
말 못 하고 헤어졌기에

떠나가던 그 사람을
잊으려고 애를 써 봐도

되돌아서 찾아오는
그 사람의 빈 그림자는

바보처럼 그렇게
말없이 웃고 서있네

그대는 정녕
우리들의
마음을 거역하려 하네

속절없이 녹아내리는
가슴속 응어리까지도

혹시(或是)나 역시(亦是)나

우리 인생
살다 보면
제각각 다르게
사는 것 같아도

혹시나 하고
살다가
역시나 하고
느끼는 건 같아요

짧은
인생이라 하지만
기다리면
지루한 인생

즐겁게 최선을
다하며
살다 보면
너무나 짧은 인생

이제까지
살아오며
무엇을 바랐는지
알 수는 없지만

그런 모든 걸
생각하면
남는 것은
후회뿐일 것인데

혹시
하지 말고 즐겁게
살아보자
짧은 인생인 것을

웃으며 살자
역시나 하고
후회하며
뒤돌아보지 말고

이 시간(時間)이 지나가면

떠나버린 그 세월을
돌이킬 수 없겠지만

언제라도 사랑으로
기다리는 마음인데

지금까지 다짐하며
달래 오던 그리움도

이 시간이 지나가면
남이 되어 돌아서서

오지 못할 추억들을
젖은 채로 묻어두고

흘러 보낸 아쉬움을
불러야만 하는가요

미움

미워졌다고 싫어졌다고
가끔씩은 말을 했지만

그렇다고 잊을 수 있나
그렇다고 버릴 수 있나

사랑이란 허무라 해도
마음대로 버릴 수 없어

세월 속에 쌓아가던
그리움도 지루할 때면

그 사랑이 미움으로
하나 둘씩 변하겠지만

가슴에 쌓인 미움들이
지워질 날 있을까요

세월(歲月)아! 대답해다오

시곗바늘은 돌아서
제자리로 오는데

우리 인생은 돌다가
그 어디로 가는지

가녀린 어깨 위로
흘러가 버린 그 세월을

보내버린 아쉬움에
불러본들 대답 없네

우리는 잊지 못해
그리움에 젖어 있는데

저 세월은 돌아보며
즐기는 것 같구나

아! 세월아!
대답해다오

작은 꿈

우리에게 꿈이라면
같은 곳을 바라보면서

언제나 변함없이
함께하길 바랐는데

그때의 그 작은 꿈
조각조각 어디로 갔나

얼마나 많은 세월이
흘러가야 잊어져 갈까

그리움을 씻어 가면
잊을 날 있겠지만

그 순간을 참을 수 없어
오늘도 흐느껴 우네

이제라도

싸늘하게 식어가는
찻잔 위에 웃는 얼굴
마음 변해 아니오나
그리움만 심어주네

오지 않을 사람이면
약속이나 하지 말지
기다려도 소식 없이
내 마음을 울려주네

눈을 감고 지난날들
돌이켜서 생각하니
어리석은 순간들이
소리 없이 스쳐가네

허무하게 무너지는
우리들의 사랑이면
이제라도 잊어야지
애를 쓰며 잊어야지

훨훨 떠나고 싶어

먼 길을 훨훨!
먼 길을 훨훨!

인생길을 살아가다 보면
가끔씩은 가슴을 열고
훨훨 날아가고 싶어
먼 길을 훨훨 떠나고 싶어

불평불만 없다 해도
가슴에 쌓인 사연은 있다
그 누구를 원망 않아도
내 갈 길 찾아 떠나고 싶어

오늘 하루도 변함없이
먼 길을 훨훨 떠나고 싶어
잊을 수 없는 사연 속에
살아가는 건 마찬가지지만

먼 길을 훨훨!
먼 길을 훨훨!

우리 사랑 이야기

남겨지는 마음은
아쉬움도 없는데

믿어왔던 세월이
너무나도 서러워

원망하는 순간에
스쳐가는 일들이

미움으로 다가와
내 마음을 울리네

남겨져서 미워도
버리지를 못하는

우리 사랑 이야기
숨기고픈 이야기

언덕 위 찻집에서

부서지는 파도 소리
내 님이
부르는 소리

언덕에 선 고목에도
뿌리는 바다 냄새를

높다랗게 자리 잡은
새하얀
찻집에 앉아

창을 열고 지난날의
그리움까지 마셔보련다

그날들의 그 사람이
저 멀리서
손짓해주니

지금에야 내 마음이
초라한 걸 알 수 있겠네

계절(季節)은 내 님처럼

한 손에는 비구름을
한 손에는 눈구름을
또 한 손엔 꽃구름을
또 한 손엔 낙엽들을

보여줄 듯 숨겨가고
숨겨두다 보여주는
변덕쟁이 저 계절은
또 그렇게 가나보다

돌아올 날 기약하며
머뭇머뭇 돌아보며
그 언젠가 내 곁에서
떠나가던 내 님처럼

아쉬움에 깊이 빠져
느려 터진 걸음으로
숨길 듯이 보일 듯이
저 계절은 가나보다

바닷가에서

겹을 이뤄 조각나며
밀려오는 푸른 파도가
젖은 눈에 인사하던
님의 얼굴 그려주고

부딪쳐서 부서지며
쓰러지는 울음소리가
돌아서며 울먹이던
님의 음성 들려주네

고향 같은 아늑함이
떠난 님의 품속 같아도
돌아올 수 없는 사람
내 마음을 달래야 하고

잊을 수는 없다 하던
바보 같은 생각까지도
씻어야만 한다면서
이 발길을 돌려야 하네

나의 감옥(監獄)

떠나버린
얼굴인 것을

그까짓 것
해보면서도

잊지 못해
애를 태우며

오늘 밤도
잠 못 이루네

우리 만나
함께 거닐던

정든 길도
그대로인데

그대 마음
변해버리고

나만 홀로
울어야 하나

남겨진 건
참아왔는데

그리움은
견딜 수 없어

가슴속에
창살을 꽂고

그 속에 갇혀
살아가려네

세월(歲月)의 끈

만났기에 헤어졌던
그 사랑의 이야기도
한 가닥의 사연인데
세월 속에 실어야 하네

같은 끈을 부여잡고
살아가는 우리들은
모든 것이 마음대로
되지 않는다는 사실을

번연히 알면서도
그 세월을 원망하며
스쳐간 세월들을
목 아프게 불러보네

사랑도 이별도
모두가 다 그리움인데
안타까운 마음을
이 세월에 또 실어 보낸다

아직 너를

네가 떠난 뒤
잊어주겠다고
약속했는데
숱한 날들이
흘렀어도
아직 너를
잊지 못했네

얼마나
더 미워해야
너를 잊을 수 있나
얼마나
더 울어야만
너를 잊을 수 있나

잊으려 생각할수록
그리움만 더하는데
스쳐가는 세월마저도
말없이 지켜만 보네

어머님 생각

어머님의 목소리
나를 부르는 소리
가느다란 빗줄기 타고
어렴풋이 들려온다

어머님의 품속은
언제나 따뜻했는데
생각날 땐 그리워서
애간장만 태웠지만

고향 생각하려 하면
떠오르는 어머님 얼굴
그래서 더욱더
그리운지도 모른다

어디를 찾아봐도
어머님은 보이지 않네
어머님! 오늘도
그리워서 불러봅니다

세월(歲月)이 가면

떠나가면
다시 못 올 줄
번연히 알면서도

아무 말도 못했네
잡지도 못했네

세월이
흘러서 가면
모두 다 잊어지겠지

아무런 일도 없었던
그 옛날 그때처럼

모두가
제자리를
찾아서 돌아가겠지

마음의 상처까지도
깨끗이 아물겠지

눈물자리

어차피
헤어져야 한다면
무슨 미련이 있으련만
오고 가는 세월 속에
우리 사랑
믿음으로 새겼기에

돌아서
가야 하는 이 순간에
내 눈물이 길을 막네
미소 짓는
너의 마지막 인사에
우리 사랑이 녹아내리고

내 마음은
작은 새가 되어
정처 없이 먼 하늘을 나르고
행복을
꿈꾸던 가슴속은
눈물자리 되어 가네

낙엽 지는 거리

싸늘하게 식어가며
눈물짓는 저 태양은

지난날의 꿈에 젖어
그리움을 태워가고

뒤안길로 쓸쓸하게
불어오는 바람결에

때때옷 갈아입고서
춤추는
저 낙엽, 낙엽

외로움에 젖은 발길
님의 모습 찾노라면

떨어지는 낙엽들이
추억마저 지워가네

일당(日當)

일당이라 하면 하루에 일한 대가로 얼마씩 정하여 받는 수당(手當)이나 보수(報酬), 즉 하루 품삯을 말한다. 그래서 우리는 하루에 얼마를 벌어들이느냐에 따라서 그 사람의 생활(生活) 척도(尺度)가 달라질 것이다. 그런데 나는 실업자(失業者)가 하루에 지출(支出)해야 하는 일당을 말해보고 싶다. 분명(分明) 수입(收入)과 지출(支出)은 반비례(反比例)한다고 생각한다. 많이 벌어들이는 사람은 일하는 그 시간(時間)에 한 푼이라도 쓸 수 있는 기회(機會)가 적다. 물론 일일 수지계산(一日 收支計算)을 해보면 적자(赤字)를 보는 경우(境遇)도 많을 것이다. 그런데 마구 쓰고 다니는 사람에게는 말릴 수 있는 기회(機會)가 대부분(大部分) 없다. 그것은 지출(支出)을 버릇 삼아 하다 탄력(彈力)이 붙으면 엄청 많은 돈을 자주 지출할 수밖에 없을 것이다. 흔히들 "돈도 써본 사람이 쓸 줄 안다."고 말을 하는 사람들이 많다.

그런데 과다 지출(過多 支出)도 문제(問題)이지만 써야 할 곳에 쓰지 못하고 버티는 것, 또한 문제(問題)일 것이다. 즉, 쓸 줄을 모른다고 말을 해야 맞는 말일 것이다. 살다 보면 가끔씩 우리들 주위에서 그런 사람들을 만날 수가 있다. 그런 사람들은 모으는 재미를 안다. 그리고 한번 들어온 돈은 어떠한 경우라도 웬만하면 지출을 피해가려 한다. 쓴다는 자체가 억울한 모양이다. 버는 돈에 비례하여 과연 얼마 정도를 쓰는 것이 정답의 일당일까?

미련(未練)뿐이네

한 마리 새가 되어
저 하늘을
날아가고 싶어
젊은 날의 추억이라지만
이별이란
가슴 아픈 것

몰랐던 처음 그때의
그 시절로
돌아가고 싶어
사랑했던
널 잊고 싶어
잊고 싶어 오늘 이 밤도

만남 뒤엔 헤어짐이
있다면서 달래 왔건만

이제 와서 생각해보면
남은 것은 미련뿐이네

하늘도 땅도 울고

우리가
마지막 헤어지던 날
아쉬워도
말 못 하고 안고 울었지

운명을
원망하며 소리를 칠 때
하늘도
땅도 함께 울었지

우리들의
사랑이 애처로워서
천둥 번개치고
소나기가 쏟아졌겠지

지난날을
생각하는 오늘 이 시간
모두가
부질없었다며 쓴웃음 짓네

뒤돌아보네

서산에 지는 해에
긴 그림자 드리우고
누구를 기다리나
지친 모습 젖은 눈길

지금껏 걸어온 길
나름대로 자부하며
누구의 눈길에도
떳떳하게 왔다지만

때로는 고민하며
살펴보다 돌아보고
머물지 못할 줄을
번연하게 알면서도

남겨둔 정 때문에
그리움을 엮어가며
자꾸만 돌아보네
미련처럼 돌아보네

오늘도 너는

오늘도 너는
나를
깊은 생각에
들게 한다

너의 마음
알 수 없이
지나쳐온
나날들을

되돌리지
못하는
까닭에
괴로워하며

어제처럼
가야 하는
이 길이
옳은 선택인지

하루하루
초췌해가는
나의 모습이
말해주듯이

마음마저
낙엽 되어
가는 것만
같은데도

너 하나만
바라보며
기다리며
사랑하는데

보답 없는 너는
나를
깊은 생각에
들게 한다

그 꿈들을

한 가닥의 인생 줄을
부여잡고 살아가는
우리들은 구름인가
나그넨가 강물인가

지난날을 돌이켜서
생각하고 싶지 않은데
그런 날이 다시 돌아
온다면 무엇이 될까

젊고 싶어 젊어 있고
늙고 싶어 늙어 오며
세월 앞에 순응(順應)하며
살아온 게 아닌 것을

아쉬움만 남겨둔 채
꿈을 찾아 나서려네
그 꿈들을 현실 속에
두고 싶네, 그렇게 …

내가 아는 울보

내가 사랑했던 사람
어느 날 헤어진 사람
이루어질 수 없는
사랑인 줄 알고부터

나만 보면 울어버린
그 사람은 울보였네
하늘의 심술인지
운명의 장난인지

이별하는 순간까지
눈물로 지새우며
시도 때도 없이 울었네
그 사람은 울보였네

내 마음 가져가 버린
그 사람은 울보였네
오늘 밤도 보고 싶은
그 사람은 울보였네

이별(離別)할 때

우리의 사랑 속에
무엇이 있었기에

생겨난 틈새 따라
헤어져 가야 하나

잘못된 만남이라
생각을 하면서도

쌓아둔 정 때문에
수없이 망설이다

돌아선 마음 길에
발길도 그림자 되고

눈물을 감추려고
하늘만 바라보네

돌아와줘

비켜가고 싶은 세월도
비키지 못해
여기까지 왔는데

우리의 지난 사연을
어느 누구에게 말할 수 있나

가끔씩 떠난
너를 원망하며
혼잣말을 하지만

그렇다고 싫다는 말은
정녕 아니야 정말 아니야

그리워지면 어쩔 수 없어
내 마음 어떻게 할 수 없어

돌아와줘 제발 돌아와
나에게는 너 하나뿐이야

세월(歲月)의 낙엽(落葉)

강물 같은
세월 속에
돛단배를
달고 가듯

바람 따라
물결 따라
길을 찾아
가려 해도

비 내리고
눈 내리는
악천후가
찾아와서

물리치고
뿌리치며
헤쳐가려
울어보네

내 손목을
부여잡고
잊고 싶은
마음까지

송두리째
앗아가며
나 몰라라
웃고 있네

원망 없이
미련 없이
살아가려
맹세하던

이 마음은
오늘 밤도
한 조각
낙엽이 된다

떠나지 못하네

그대의
미소가 남아서
그대의
음성이 남아서

두고두고
잊지를 못해서
돌아서지
못하는 발걸음

지금에 와
후회를 해본들
무슨 소용
있겠느냐마는

지난날 가끔씩
미워할걸 그랬지
그 작은
정 때문에 떠나지 못하네

인생(人生)살이

울고 웃는 일상 속에
이어 가는 인생살이
그 무엇이 부족하고
그 무엇이 넉넉했나

우리 서로 안다고 해도
모르는 게 더 많은데
많은 것을 바라지를
않겠다며 다짐해도

두고두고 후회하고
두고두고 보람차고
그렇게도 살아보고
또 그렇게 엮어가며

푸른 시절 지나간 뒤
추억으로 간직하리
아름다운 인생살이
꿈을 꾸는 인생살이

너만은 나의 사랑

아마도
꿈이었겠지
생각을 말자 해도
내딛는 발길 따라서
그리움 살아나고

취한 채
밤길에 젖어
그 속을 헤매 돌며
못 잊어 미워해 봐도
너만은 나의 사랑

스스로
버리지 못해
가슴에 안고 사는

꿈이라
지우려 해도
너만은 나의 사랑

당신을 사랑하기에

고개 숙인 그대여
눈물을 감추려나요

살다 보면 가끔씩
아픈 날도 있겠지요

당신을 만날 때면
말 못 해도
행복했는데

마음에도 없는 말을
해야 하는 내 마음은

당신을 사랑하기에
당신을 사랑하기에

그 사랑을 위하여
이렇게
이별을 말합니다

마흔다섯

보편적(普遍的)으로 마흔다섯이라 하면 별 느낌이 올 수 없다. 그렇지만 나에게는 한순간(-瞬間)의 목표(目標)가 되기도 했다. 그렇다고 뚜렷한 무슨 뜻을 세운 것은 아니다. 다만 자그마한 부러움의 발단(發端)에서 시작된 단어(單語)일 따름이다.

그러니까 열서너 살쯤일 때다. 그때는 우리 집이 농사(農事)가 조금 많아서 머슴 한 분을 두게 되었다. 집 옆에는 홍수 방어용(洪水防禦用) 수문(水門)이 있었다. 어느 날 머슴이 처음 오게 되어 그 수문에서 동네에 사는 사람들과 만나서 서로 인사(人事)를 나누는데,

"반갑습니다. 나는 김재규입니다. 나이는 마흔다섯이고 건너 동네에서 머슴을 살다 왔습니다. 잘 부탁드립니다."라며 인사를 건네며 악수를 하는 모습을 우연히 옆에서 보게 되었다. 그때부터다. '나도 나이를 마흔다섯을 먹을 수 있겠지. 언제쯤이면 그 나이를 먹을 수 있을까? 정말 부럽다. 저 나이가 되면 마음대로 담배도 피우고 나이 많은 사람들과 함께 어울려 친구로 지낼 수도 있구나. 빨리 그 나이를 먹어 봤으면 좋겠다.' 그렇게 기준을 정하고 생각하며 한동안을 지냈다. 그런데 그 자그마한 바람을 잊고 생각 없이 오늘날까지 달려왔다.

아니, 꾸벅꾸벅 걸어왔다. 어제는 누님을 만났다. 새해 첫날이라 만나서 함께 점심이나 해야겠다고 생각하여 서로 연락(連絡)하여 집사람과 함께 부부 동반으로 조그만 식당에서 만났다.

그런데 누님께서는 아쉬운 듯 "또 한 살을 꼬챙이에 꽂아 넣는구나."라고 하신다.

그렇다, 허무(虛無)하게 자꾸만 나이를 먹어 간다는 뜻이 아니겠는가.

나라도 나이를 뱉어 낼 수만 있다면 뱉어 내고 더 젊게 살고 싶은 것이 사실(事實)이다.

그런데 불현듯 마흔다섯 살을 목표(目標)처럼 마음먹었던 그 어린 시절이 생각났다. 과연(果然) 마흔다섯 살을 먹었을 때 난 어떻게 지냈던가? 나 자신에게 너무나 부끄러운 생각이 들었다.

그때를 돌이켜 생각해 보니 정말 앞뒤, 아래위의 분간(分揀)도 못하고 생로병사(生老病死)에 대한 희망(希望)이나 두려움 등 아무것도 모르는 철부지 애송이처럼 살아온 것 같다. 그러한 느낌을 가졌다 하여 이제 와서 어떡하겠는가? 때늦은 후회(後悔)이겠지. 그러나 또 다른 희망(希望)이 한 가지가 있긴 있다. 그때 옆에서 나를 지켜봤던 집사람은 나에 대하여 얼마나 실망(失望)했겠는가가 문제(問題)이다. 그리고 어떠한 표현(表現)이나 말없이 지켜보며 내가 사람이 되도록 인내(忍耐)를 가지고 기다려 주었다는 사실(事實)에 보답(報答)의 차원(次元)에 무언가를 해 줄 수 있는 기회(期會)가 있다는 희망이 있는 것이다.

아무튼 누님 부부와 함께 식사를 맛있게 하고 앉아서 이야기를 나누며 놀다 돌아오니 저녁때가 되었다. 나는 말없이 부엌으로 얼른 가서 내 솜씨를 발휘(發揮)하여 라면을 한 그릇을 맛있게 끓여서 집사람에게 대접(待接)을 했다. 마흔다섯, 그 마흔다섯이 지금에도 그렇게 너무도 부러웠다고 생각이 되는데, 정녕 나에게 다가온 마흔다섯은 맞이하는 느낌을 가지고 한번 활용(活用)해 보지도 못하고 놓쳐 버렸다.

정말 낚시를 하다 대어(大魚)를 놓친 강태공(姜太公)의 마음이다.(단순 비교(比較)지만 대어는 다시 만나서 낚아 올릴 기회가 있을 수 있지만 나이는 다시 올 기회가 없는 것이 아닐까.) 혹시 이 글을 읽으시는 분들 중에 그런 계획(計劃)이나 바람이 있었다면 놓치지 않게 다시 한 번 꼭 되새겨 두시기를 부탁드리고 싶다. 위에서 내려간 물이 다시 거슬러 올라올 수 없듯이 우리 인생(人生)이 그런 것이 아닐까 한다. 특이한 경우(境遇)가 있을 수 있긴 있다. 그 물이 증기(蒸氣)로 변하여 하늘로 올라가서 빗물로 변하여 내려온 그 줄기의 위로 내렸을 경우는 그러하지 않겠지만, 그런 경우는 정말 확률적(確率的)으로는 불가능(不可能)하겠지만 말이다.

그리고 곰곰이 생각해 보면 우리 집에 머슴으로 왔던 그분은 아마도 5년가량 지내다 다른 곳으로 가신 것으로 생각되며 지금쯤 살아 계신다면 구십칠팔 세 가까이 되었을 것 같다. 물론 생각해 보면 이도 불가능하겠지만 말이다. 정말 까마득한 옛날 이야기가 되어 버렸지만 나의 마흔다섯은 허무(虛無)하게 그렇게 내 곁을 말없이 떠나 버렸고 도리어 이제는 나의 옛날로 그리워지는 한 단어(單語)가 되어 버렸다. 특히나 오늘은 한 살을 더 먹는다는 생각에 그날이 더욱 더 그리워진다.

2015. 1. 2. 乙未年 아침에

구름처럼

저 하늘에 흘러가는
구름 같은 우리 인생
그 어디로 가는 걸까
오늘도 흘러 흘러서

어느 누가 기다릴까
어디에서 머무를까

아무것도 모르는 채
그렇게 흘러서 가네

언제라도 정처 없이
행복을 찾아서라며
고달프다 말 못 하고
우리 인생 흘러서 가네

구름처럼 흘러서 가네

어디론가 흘러서 가네

나무에게

외로운 언덕 위에
우두커니 홀로 서서
흘러온 그 세월의
무게만큼 짐을 지고

말없이 고개 숙인
네 모습을 바라보네
지금 넌 무얼
생각하는지 궁금하구나

어제는 비 내리고
바람까지 불었지만
오늘은 저 태양이
찬란하게 비추잖니

잔가지 떠는 사연
괴로움의 표현인가
또다시 가야 하는
저 세월을 잡아보렴

어머니의 길

어머니가
살다가신
길이나

지금 내가
살아가는
이 길이

옛날의
그 길이라고
말하며

똑같은
그 길이라고
하는데

어머니는
웃으며
살았는데

나는 왜
이렇게도
힘이 들까

그리운
어머니만큼
참으면

태양처럼
환하게
웃는 날 올까

그리운
어머니만큼
웃으면

옛날처럼
그렇게
행복한 날 올까

돌아올 당신인데

내 곁을 떠나갔다고
잊을 수 있나요
언젠가 나를 찾아
돌아올 당신인데

만남의 기쁨처럼
기다림의 설렘도
조금씩 지쳐가는
내 마음 달래주네요

혹시 돌아오지 못할
사람이라고 해도
포기할 수 없어요
당신을 사랑했기에

내 곁을 떠나갔다고
잊을 수 있나요
언젠가 나를 찾아
돌아올 당신인데

사랑은

사랑은, 사랑은
행복이라 생각했는데
사랑이, 사랑이
내 가슴에 눈물을 주네

언제나 만남 속에
뜨거운 정 심어가며
우리는 서로가
사랑인 줄 알았지만

그 만남이 후회되어
돌아서서 마음 달래며
이제 와 생각하니
허무한 옛이야기

사랑은, 사랑은
행복이라 생각했는데
사랑이, 사랑이
내 가슴에 눈물을 주네

아픈 상처(傷處)

그대의 마음이
떠나갔다 해도
내 마음 언제나
변함이 없는데

오늘도 못 잊어
그대의 곁으로
그리움 모두를
전하고 싶은데

따뜻한 미소로
반겨주길 바라도
그 표정 그 모습
안타까움 더하네

차라리 잊으면
괴로움 없을 걸
못 잊는 마음에
아픈 상처 남기네

그녀는 야시였네

언제나 출근길에서
눈웃음으로 마주하던 그녀
빨간 립스틱
까만 아이라인 짙게 바르고

물방울무늬 스카프를
목에 두르고 걸어가던
그녀는 야시였네
어느새 내 마음 빼앗아갔네

가끔씩 두근거림은
망설임 속에 피는 사랑이었나
깊은 물에 빠진 것처럼
헤어날 수 없네 어쩔 수 없네

차라리 이대로가 좋아
기다림 그 속에 살고 싶네
그녀는 야시였네
어느새 내 마음 빼앗아갔네

*야시 : 여우의 방언(경상도)

궁금한 세월(歲月)

우리들은 세월을 흔히 "물처럼 소리 없이 흘러간다."거나 "번개처럼 빠르게 흘러간다."고 표현을 한다. 그렇다면 이 세월은 걸어서 가는 걸까 아니면 달려서 가는 걸까 나도 정말 궁금하다.

어떠한 날을 받아놓고 나면 느리다고 느끼는 경우가 있다. 혹시 군대 생활을 해본 사람은 이해를 할 수 있을 것이다. 어찌 보면 정지된 시간 속에서 생활하는 것 같은 느낌으로 복무 기간을 채운다고 말할 수 있을 것이다. 또한 개념 없이 지나고 나면 언제 지나버렸는지 깜작 놀랄 정도로 빠르다고 느끼는 경우도 있을 수 있을 것이다. 어찌 되었든 세월이 가는 것만은 확실한 사실이지만 과연 이 세월이 빠르게 가다 느리게 가다를 조절하며 가는 것은 아닐 것이고 느끼는 사람, 바로 그 사람이 처해 있는 입장에 따라서 느낌이 달라지는 것이라고 믿고 있을 것이다. 나는 그런 부분에는 생각을 달리한다. 세월이 우리 사람들을 희롱한다고 믿고 있다. 제 마음대로다. 도대체 사람의 입장은 생각조차 없이 제 마음대로 행동하는 철부지의 행동을 하고 있기 때문이라고 생각한다. 우리들의 눈에 보이거나 손에 잡히는 물건 따위라면 어찌해 볼 방법이 있겠지만 그림자도 색깔도 없으니 말이다. 그래도 언젠가는 따져 볼 생각이다. 짓궂은 어떠한 장난도 하지 못하게 말하고, "양심을 가지고 어려운 사람, 외로운 사람, 사연을 참작하여 보람되게 행동하라."고 말이다. 즉, 길고 짧고, 강약을 조절하여 적절하게 맞춰가며 생을 정리해 가라고 말이다.

역지사지(易地思之)

오늘
너의
생각이
무엇이더냐

우리 서로
한 번쯤
입장 바꿔
생각을 해보자

세상살이
역지사지하라
했는데

서로의
처지가
바뀌면
이해 못 할
일 없겠지

모두가
똑같은
처지라고
한다면

오늘
부터라도
너를 생각하며
살아가리라

널 이해하며
너와 함께
살아가리라

힘을 합쳐
살아 보면
못해낼 일
하나
없을 거야

당신의 자취

당신의
따스한 자취가
내 가슴에 남아 있는데
그 모습은
보이지 않고
설렘만 더하는가

기다림과
아쉬움 속에
새겨놓은 사랑이지만
지금은 어디에서
외로운 나를
울려주려나

그때의
그 마음으로
다시 한 번 한 번만 더
잠깐이라도
만나보고 싶어
한 번쯤은 보고 싶어

때늦은 만남

내 마음은 아직도
그때처럼 울고 있어요

이제서야
돌아온다면
어떡하란 말인가요

아쉬움 남았기에
못다 한 사랑이라며

당신은 웃음으로
다가와도
난 울고 있어요

차라리 그 마음이
변했으면 좋으련만

달래던 미련들은
그 언젠가
떠나갔어요

사랑의 조건(條件)

두 사람이 만나
서로가 좋아서 사랑을 했다면

어느 한쪽이
외로워선 안 돼
후회하게 해서도 안 돼

아픔은 함께할 수 있지만
외로움은 대신할 수 없어

머나먼 세월 길을
두 손 맞잡고 나란히 함께 가야 해

그래도 지나고 보면
아쉬운,
너무 짧은 인생길인데

좋은 일들만을 자꾸 만들어서
언제나 행복해야만 해

인연(因緣)

우연한
만남이란 없어
그것이 인연인거야
무엇을
더 알고 싶은지
내 마음 아직 모르겠니

우리는
헤어질 수 없어
서로가 사랑하니까
한순간
잘못된 생각으로
먼 훗날 후회하지 말자

그 마음
돌려 생각해줘
이제는 사랑해야 해
우연한
만남이란 없어
우리는 인연인거야

남자(男子)라는 이름

이 세상에
태어나서

너만은
사랑했는데

남자라며
잡지 못하고

이제 와
후회하네

글라스에
녹아드는

지난날
추억들이

울고 있는
너의 얼굴

남몰래
그려주면

너를 찾아
가고 싶은

마음만
태워가며

남자라는
이름 때문에

발길을
부여잡네

그대 그림자

그 어디에 머무는지
소식 없는 그대지만

오늘 밤도 못 잊어서
소리 없이 불러보네

못다 이룬 꿈이라며
후회 없이 잊으려고

떠나버린 아쉬움에
가끔씩은 미워해도

사무치는 그리움은
가슴 깊이 머무르고

정처 없는 내 발길은
그대 그림자 찾아가네

사랑의 표현(表現)

당신의 마음을
모두 다 아는 줄 알았는데
가끔씩은 아닌 것 같아요

얼마를
더 기다려야 하나요
나에게 그 마음을
열어줄 수 없나요

당신만을 바라보는
내 마음은
언제나 안타까워요

사랑합니다
당신만을
영원히 사랑하겠어요

당신의 마음을
모두 다 아는 줄 알았는데
가끔씩은 아닌 것 같아요

이기대(二妓台)에서

등댓불도 졸고 있는
밤 깊은 이기대를

쓸쓸히 걸어보네
옛 추억을 찾아보네

야속하게 떠난 사람
가끔씩은 미워하지만

내 발길은 나도 몰래
못 잊어 찾아오는데

오륙도를 쓸어안고
슬피 우는 파도 소리에

안타까운 추억들이
한 조각씩 떨어져 가네

그리운 배신자(背信者)

당신은 사랑을
버리고 떠난 배신자
오늘도 그리워
타는 맘 숨길 수 없어

잊자며
생각을 말자며
다짐을 해도

언제나
꽃처럼 피어나는
아픈 그리움

살면서 가끔씩
얄미운 당신이지만
그래도 못 잊어

그리운
사랑의 배신자

더 많이

내가 좋아 만난 사람
더 많이 사랑하고

더 많이 아껴주고
더 많이 행복하자

말없이 가는 세월
애타게 잡지 말고

떠난 뒤 후회하며
무정타 원망 말자

서로 좋아 만났으니
더 많이 사랑하자

사방팔방 둘러봐도
내 사랑뿐이더라

아픔이련가

수많은 사연들이
세월 따라
흘러갔기에

지쳐버린
마음 땜에
잊었다고 말할 수 있나

만남과 헤어짐은
사랑이 가야 하는 길
그 길에
빈 마음을 이어주는
아픔이 있는데

오늘 밤
못 잊어서 눈물짓는
이 순간에도
인연을 지켜주는
그 사랑은 아픔이련가

눈물 강 당신

내가 흘린 눈물 뒤에
숨어 있는 당신은
세월 속에 흘러가는
그 강물을 아는가요

보고 싶어 불러보는
여인의 이 마음은
천 리라도 만 리라도
이 세상 끝이라도

언제라도 그 먼 길을
찾아서 가고파도
흘린 눈물 강줄기를
그 누가 알아주랴

못 잊어서 그리워도
말없이 달래지만
강 건너의 당신만은
잊을 수가 없네요

먼 훗날

사랑했던 그 마음이
미움으로 돌아섰다고
사랑을 했다면서
미련마저 없을쏘냐

남몰래 눈물짓고
웃음으로 묻어가도
지난날 새겨놓은
사연들은 지울 수 없어

먼 훗날 어느 날에
아물지 못한 상처로 남아
가슴에 꽃이 되어
피어날 수 있을 거야

사랑했던 그 마음이
미움으로 돌아섰다고
사랑을 했다면서
미련마저 없을쏘냐

빈자리

얼마를 더
기다려야
하나요

얼마를 더
외로워야
하나요

당신이
비워놓은
이 자리를

쓸쓸히
지켜야만
하는가요

지난날
못다 한
꿈이라며

반가이
피어나는
꽃이 되어도

이제는
모두가
그리움인데

돌아와요
당신의
빈자리로

언제까지
기다려야
하나요

언제까지
외로워야
하나요

빈손으로

세상에 태어날 때
무엇을 가지려 왔나
무엇이든 더 가지려
욕심을 부리느냐

조금은 잃는다고
생각하며 살아보자
어차피 빈손으로
되돌아갈 터인데

이웃을 도와주며
하고픈 일하면서
허무한 세상살이
빚 없이 살다 가자

힘차게 보람되게
후회 없이 살아보자
훗날에 빈손으로
되돌아갈 터인데

세월(歲月)을 원망(怨望) 말자

말없이 가는 세월
원망을 하지 말자
세월을 탓하지 말자
바람 따라 울며 간다네

저 바람이 데려 가네
자꾸만 데려 가려네
잡으려고 하지 말고
그럭저럭 지내보자

모른 척하며 살자
모든 게 짜인 세상
나만이 별다르겠나
모두가 나처럼 사는데

말없이 가는 세월
원망을 하지 말자
세월을 탓하지 말자
바람 따라 울며 간다네

첫 경험(經驗)

큰손자 기완이가 초등학교에 입학(入學)한 지가 한 달여가 지났다. 통학 버스를 이용하여 다니는데, 하교(下校)시에 월, 화, 수요일은 집으로 오고 목, 금요일은 제 엄마가 근무하는 병원으로 가기 위해 병원 앞에서 내린다. 오늘이 금요일이라 병원 앞에서 내리는 날이라서 제 엄마가 정류장에 나가서 기다렸단다. 그런데 도착 시간이 한참을 지났는데도 오지 않았지만 그래도 기다려야 한다면서 기다리다 한참을 지나니 「띵동!」 핸드폰으로 문자가 온다.

'어머니께서 나와 계시지를 않아 기완이가 다시 학교로 왔습니다.'

'아뿔싸! 벌써 지나갔구나.' 분명 약속된 시간보다 통학 버스가 빨리 지나간 것이라고 생각된다는 것이다.

다음 운행 시간에 기완이가 오고 물었단다.

"울었니?"

"아니." 늠름하고 믿음직스러운 대답 소리를 듣고 엄마는 가슴을 쓸어내렸단다. 분명 기완이의 첫 경험이다. 언제나 목, 금요일이면 기다리던 엄마가 그 자리에 없을 수도 있다는 경험을 한 것이다.

평상시 한 번도 혼자가 되어 본 경험이 없는 기완이로서는 오늘 대단한 경험을 한 것이다. 그것도 첫 경험을 말이다.

2016. 4. 15.

너를 잊으리라

언제나 잊지 못할 그리움이 쌓였기에
이 세상에 머무름이어라
만약 나의 가슴에서 그 그리움이 지워져 가버린다면

나는, 나는 너와 또한 모두를 잊으리라
그리고 단념하리라

또다시는 보채지도 않으리라
그런 상황은 슬픔이겠지
그래도 못 잊어 하는 안타까움보다
차라리 더 나은 현실이리라
그렇게 흘러서 가야 하는 인연이었다고
생각하며 마음을 달래야지

더도 덜도 생각 말고, 앞도 뒤도 보지 말고,
멀리도 가까이도 보지 말고, 오로지 바로
지금 이 순간만 바라보고 기억하며 모두를 지워 가리라
이제는 잊으리라 너를 잊으리라
몰랐던 그때처럼 너를 잊으리라

그리운 사람

멀리 있다고
잊을 수 있나

사랑했는데
그리운 사람아

너를 못 잊어
내 마음은

새까맣게
타들어 가는데

소식도 없는
너는 그렇게

내 가슴에
웃고 앉아 있네

아무 말 없이
언제나처럼

그리울수록
더 웃어주네

내미는 손을
잡아 주오

웃지만 말고
그리운 사람아

내 인생에서
전부였는데

어떻게 너를
잊을 수 있나

나의 소리
—남기고 싶은 말

1. 진정(眞情)한 사랑의 표현(表現)은 그 사람의 말을 마음으로 읽고 눈으로 말을 하는 것이다.

2. 돈을 따라 움직이면 시야(視野)가 좁아지고 행동반경(行動半徑)이 줄어든다. (사리사욕(私利私慾)을 버리자.)

3. 남의 똥 구린내는 잘 맡아도 자신(自身)의 똥 구린내는 잘 맡지 못한다. (누구나 자기 자신을 돌아보지 않으려한다.)

4. 하루를 시작(始作)하는 아침이 있지만 또한 그 하루를 마무리하는 저녁이 있다. (그래서 아침과 저녁은 공존(共存)한다.)

5. 노년(老年)의 인생(人生)은 젊음을 떠나보낸 시간(時間)들을 찾아가는 방랑자(放浪者)이다.

6. 길들여진 개(犬)는 주인(主人)을 앞지르지 않는다. 훈련(訓練)에 따라서 행동(行動)할 뿐이다.

7. 떠나보낸 그 세월(歲月)보다 오늘을 사랑하자. 지난날에 미련(未練)을 두면 내일(來日)의 희망(希望)은 없다.

8. 미래(未來)는 설렘으로 다가오지만 현재(現在)는 실망(失望)과 보람이 공존(共存)한다.

9. 돈과 친(親)하게 지낸 사람은 노후(老後)가 편안(便安)하다. 부(富)는 꾸준한 저축(貯蓄)에서 온다.

10. 자부심(自負心)과 배려(配慮)는 고루 가지는 것이 바람직하다. 모든 일에는 질투(嫉妬)가 따르기 마련이다.

11. 나이가 들수록 친구를 많이 만들어놓자. 늙어서 오는 외로움에 미리 대처(對處)하는 방법(方法)이다.

이 도서의 국립중앙도서관 출판예정도서목록(CIP)은 서지정보유통지원시스템
홈페이지(http://seoji.nl.go.kr)와 국가자료공동목록시스템(http://www.nl.go.kr/kolisnet)에서
이용하실 수 있습니다. (CIP제어번호 : CIP2016030686)

돌아오지 않는
바람

초판 1쇄 발행 2017년 1월 10일

지은이 윤주동 **펴낸이** 임정일
책임 임병천 **편집** 김지해 **디자인** 이동헌

펴낸곳 책나무출판사
출판신고 2004년 4월 22일(제318-00034)

주소 서울시 영등포구 신길3동 325-70 3F
전화 02-338-1228 **팩스** 0505-866-8254
홈페이지 www.booktree.info

ISBN 978-89-6339-499-2 03810